U0439828

別傻了 這才是東京

大衆運輸工具内禁止通話・迷宮般的車站～47個不為人知的潛規則

●都會生活研究專案——著
●許郁文——譯

TOKYO
東京ルール

序言

東京有東京的潛規則。

從各地來到東京的人們，或多或少都會為這些不成文的潛規則所困。

沒錯，東京的潛規則大多是「不成文」的，人們只能自行察覺與推測，入境隨俗地遵守這些默默存在的潛規則。

若在不知情之下觸犯這些潛規則，身邊的人有可能會嚇得背脊發涼，轉身離你而去喔！

「這傢伙肯定是笨蛋」、「這傢伙真是土包子一個」……

即使東京人心中如此暗自嘲笑，也不會有人願意告訴你，只會放任你一個人丟人現眼；要想在東京過得順心，就必須憑一己之力察覺這些潛規則，並且靈活地順應潛規則過活。最實際的做法就是在東京住一陣子，慢慢地就能掌握東京的潛規則。本書在此精心整理歸納，以具體的說明和輕鬆活潑的漫畫，將東京的潛規則介紹給大家。

由衷盼望各位讀者能藉由本書早日融入東京，過著愉快的東京生活；同時對東京人來說，也能因為本書成為更道地的東京人。

目錄　別傻了　這才是東京

交通篇

Tokyo Rules

生活篇

Tokyo Rules

街道篇

Tokyo Rules

住宅篇

Tokyo Rules

對話・人際關係篇

Tokyo Rules

Tokyo Rules

交通篇

生活篇

街道篇

住宅篇

對話．人際關係篇

潛規則1

站在客滿的電車門邊時，
就算自己還沒要下車，
也得先走出門外，
禮讓下車的乘客通過

東京生活圈一進入交通尖峰時段，某些區間的乘車率可超過百分之兩百！根據國土交通省的說明，乘車率百分之兩百相當於「身體受到很大的壓迫感，但勉強還可閱讀週刊雜誌」的程度，因此超過百分之兩百的乘車率代表擁擠程度非比尋常。明明是去上班上學，為什麼非得接受如此的酷刑呢……？

或許你會覺得，東京的電車班次遠比鄉下地方多，早上的尖峰時段，只要等一分鐘，下一班車馬上就到……但是，下一班車當然也是擠滿人的狀態啊！通勤尖峰時段絕不可能出現空蕩蕩的電車，倘若受不了被擠得像沙丁魚，就只能錯開通勤、通學時間了。

遇到尖峰時段，每一站都像總站，會有大量的乘客上下車，這種時候偶爾會碰見一些覺得「我又還沒要下車」、硬要在門口附近擋路的傢伙。如果你恰巧在停車時站在車門邊，卻不識相地站在原地發愣，後面一定會有人大喊：「我要下車！我要下車」，那麼就算被面如般若[1]的乘客擠下月台，也得算你活該。

站在車門附近時，電車一旦到站，就算還沒要下車，也要先走出門外，與該站要上車的乘客一同等待所有的乘客下車，這可是最基本的規則喔！

從今天開始，要到東京總公司上班了。看我的～！
轟隆
人滿為患
轟隆
轟隆
轟隆
可是，人是不是多得太誇張了！
下一站——新宿——新宿——
我、我……我下一站才要下車啊
推擠——
我要下車
我要下車
衝衝衝衝衝衝衝衝
我沒有要下車！
我沒要下車！
沒要下車！
衝衝衝衝衝衝衝衝

轟隆轟隆
唉，又站到門邊了
下一站——新宿——新宿——
今天絕對不要被擠下車
我要下車
我要下車
推擠——
我要下車
我要下車
衝衝衝衝衝衝衝衝
哐
我跳！
衝衝衝衝衝
得救了！
呼……
※這是被禁止的喔

潛規則2

想在擁擠的電車裡讀報，就得把報紙折得細細長長

Tokyo Rules

在超級擁擠的電車裡攤開雜誌與報紙來讀，會違反東京的潛規則喔！

雖然這道理大家都懂，但對通勤時間超長的東京人來說，還是會想好好利用這段零碎的時間。

因此，衍生出一種「像拿著長笏的聖德太子[2]般，將手上的報紙折得細長，善用空隙讀報」的特殊方式。

在通勤尖峰時段搭車，可以看到很多讀報的聖德太子。

例如，頂上毛髮漸疏的聖德太子、擔心股價下滑，憂國憂民的聖德太子、讀著特種行業資訊，滿腦子黃色思想的聖德太子……各形各色的聖德太子站在電車裡一同搖晃。

現在也出現以手機代替報紙的新型聖德太子，他們大多是年輕的上班族，習慣透過手機的入口網站看新聞。手機除了資訊較新，也比報紙精簡許多（不管是載具大小還是新聞內容），在擁擠的電車裡，這的確是個明智的選擇。

話說回來，比起手機，報紙還是比較主流的新聞閱讀方式。想在東京早上的尖峰時段讀報，非練就「將報紙折得細長的技術」不可。

最常見的折報方式，是將原本兩折的報紙再次對折，在中央線或京王線這種超級擁擠的路線，還能見到將報紙再折成一半的強者。

但也有擁擠到不管是用手機還是報紙都讀不下去的情況。

例如惡名昭彰、肩摩踵接到一步也動彈不了的埼京線，以及常發生「事故」、擠到快要骨折的中央線，都屬於極度擁擠的車廂。

此時，乘客只能盯著電車裡的吊牌廣告與螢幕，或者苦中作樂，玩味著身體傾斜、單腳懸在半空、就算跌倒也毫不奇怪的特異姿勢，不然，怎麼能熬過這段痛苦的時間呢？

好多聖德太子喔……

潛規則3

等待電車的時候，一定要在候車位置排成三排

Tokyo Rules

東京的電車月台會標示車門開啟的位置（為了避免乘客不知道該站在哪裡，有些車站甚至會貼心地將腳印圖案印在地上），大家會在那裡整齊地排成三排。排法是三人一列，後面再接著好幾列的乘客一同等車。

當電車駛入月台，自動門一打開，擠在車廂裡的乘客會一窩蜂地下車，此時月台上的三排乘客都會站到車門兩旁，等待所有乘客下車。

所有乘客下車後，第一列的三個人才會走進車廂；第一列的人上車後，下一列的乘客再依序走進車廂。這就是在東京尖峰時段的正確乘車方法。

若不懂這條潛規則，站在奇怪的地方等車，旁人會覺得「這傢伙真沒常識」，並投以冷淡鄙夷的目光，要是你這時候才警覺說「咦？站錯邊了，是那邊嗎？」一邊還往車門走去，就會聽到有人大喊：「插隊是絕對不可容忍的行為！」同時將你擠開。

不過這條潛規則在每一站都會有些許差異，新手請務必細心觀察，掌握每個站、每條路線的正確乘車方法。根據財團法人中央調查社的「車廂禮儀重視程度調查」顯示，約有六成的通勤族一週會有一次因為其他乘客的行為而感到不耐，而這些行為之中的第一名就是「插隊」，約有七成以上的人會因此怒火中燒。

潛規則4

電話NG，簡訊OK

這道潛規則在其他縣市應該也是通行的吧！在東京，禁止於電車或公車內講手機，不管是多麼緊急的事，只要在車內講電話，都會被周圍的乘客白眼以待。

東京人很少會出聲提醒講電話的人，因為一不小心就可能弄巧成拙，被當成「危險人物」看待，所以東京人選擇以冷若冰霜的目光或「你這渾蛋！講什麼電話！掛掉，快掛掉電話！」的火大視線盯著講電話的人，讓被盯上的人識相地掛斷電話。

更別提在博愛座附近講電話了，因為博愛座附近被規定要將手機關機。

不過，除了博愛座附近，用手機傳傳簡訊或上網都沒問題。搭電車的時候，稍微觀察一下四周，就會發現很多人在傳簡訊或上網。

但要記得開啟靜音模式，否則發出簡訊的按鍵聲，也是會被視為「不懂設定手機的機器白痴」。搭車時，將手機切換成靜音模式是基本禮儀。

前述的「車廂禮儀重視程度調查」中也提到，有四成以上的人會覺得講手機的人很討厭，若是連「有點在意」的人也納入，則有超過八成以上的乘客會很介意這件事。

潛規則5

從來沒記牢電車路線圖與時刻表

Tokyo Rules

剛到東京的人，見到有如蜘蛛網錯縱複雜的電車路線圖，心裡除了害怕還是害怕。到底該搭哪條路線，又該在哪一站轉乘才好？若是盯著售票處或電車裡的導覽圖，會不會被人當成鄉巴佬？搭車時，腦中總會不時閃過這些念頭。

老實說，根本不會有人這麼想，會這麼想的大概只有同樣剛來東京的鄉巴佬，因為連東京人自己也不確定該怎麼搭車。

除了大都市，其他縣市的電車路線大概只有「那裡」和「這裡」之分，但是在東京，光是JR的路線就有很多條，主要的民營鐵路公司多達七家，還要再算上東京Metro和都營地下鐵……。

既然有這麼多條路線，怎麼可能全部背下來！對呀，怎麼可能嘛！重要的是，將自己常搭的路線與轉乘站背下來就夠了。實際上，大部分的人只記得這些。東京人除了自己的居住地區和通勤、通學路線以外，幾乎不知道其他地方怎麼去，背誦路線圖這種事，交給年輕的鐵道迷就好了。

那麼，東京人是怎麼做的呢？如果他們要到不常去的地方，也會查看售票處或電車裡的導覽圖，或者仔細研究車站提供的小型路線圖。現在還有手機版的轉乘導航，只要輸入出發站、目的站與時間，就能馬上知道最佳路線與抵達時間，可說是在東京生活的必需品。

潛規則6

想縮短移動時間，就要用心選擇搭乘的車廂

Tokyo Rules

「這個時間，這節車廂為什麼有這麼多人呢？」才這麼想著，電車到了總站，不偏不倚地停在驗票口前，只見乘客蜂擁而下，整個車廂霎時空蕩蕩——來到東京後，應該有過不少這種經驗吧！沒錯，東京人會根據目的地的驗票口、樓梯與轉乘月台的位置來選擇距離最近的車廂，因為選到方向相反的車廂，就得穿過擁擠的人潮，走到月台的另一端，白白損失好幾分鐘，所以絕不允許選錯車廂。

那麼，前往平常很少去的車站搭車，該選哪節車廂才對呢？老實說，連東京人自己也不知道，這時他們所能依賴的就是「小抄」。東京地下鐵月台的柱子上，通常會貼有「地下鐵轉乘導覽圖」，說明哪節車廂距離出口較近，或是比較方便轉乘。其實，這原先是為了推著嬰兒車的主婦所設計的，據說是透過每個週末搭乘地下鐵調查所得出的專利資料，目前一年約有四億日圓的營收（二〇〇四年的資料），非常不得了。搭車的時候，記得多加利用這個資訊喔！

另外需要特注意的是「直通運行」，例如東京Metro半藏門線以澀谷為起始站與終點站，通過澀谷站即轉入田園都市線，而都營新宿線則會直接在新宿站轉入京王線；意即電車一跨區，就會轉入不同的路線行駛，也就是說，明明沒有換車轉乘卻會在不知不覺間轉進其他的電車路線。許多來自其他縣市的人遇到這種狀況會慌張地問：「是什麼時候轉乘的？」、「現在是哪條路線啊？」等到熟悉之後，就再也不會大驚小怪了。

潛規則7

不能停在自動驗票口前，堵住後方的人潮流動

Tokyo Rules

東京人的腳步非常匆忙，尤其是早上通勤時間，搶著走在前頭的人總是殺氣騰騰。此時絕對要避免觸犯通勤人潮的大忌——在自動驗票口響起「嗶——」的錯誤音效，然後被關上的閘門絆住而堵住後方的人潮流動。

被絆住的理由有很多，卻沒有一項是能輕鬆為自己解套的。這時你會感受到後面傳來一股非常沉重的壓力，還會聽到有人不爽地發出嘖嘖聲，甚至被後方沒料到會停下來的人撞個正著。換作是自己，遇到前面卡住的時候也會很生氣，所以一旦自己犯下同樣的錯誤，更會覺得無地自容。

東京人為了「流暢地通過驗票口」下了不少心力。也許有人認為：不是買票能通過驗票口了嗎？但東京的電車路線真的非常複雜，比方說，光是叫「新宿站」的車站就有好幾個，有屬於JR的新宿站，還有屬於民營鐵路的新宿站、地下鐵的新宿站，這些「新宿站」不但彼此鄰近，稍遠處還有個稱為「西武新宿站」的西武線新宿站，更麻煩的是，這些站都有自己的售票處。

若想從某條路線換乘到另一條路線，就得於轉乘車站購買另一條路線的車票，否則一開始就要買能夠一票轉乘到底的車票，而要買這種可轉乘的車票，須在自動售票機進行複雜的操作，不僅對機器白痴來說難如登天，對分秒必爭的東京人而言，除了麻煩還是麻煩。

所以大部分的東京人都會使用兩種電子票證——Suica（西瓜卡）與PASMO卡[3]。Suica卡能在JR系統車站購買，而PASMO卡則可於民營鐵路或地下鐵購買。兩種都不是磁卡，而是非接觸型的IC卡，只要感應一下就能通過驗票口。

如果手上有這兩種卡，就不用特地找轉乘路線的售票處，也不用計算到目地站的車資，可以省掉許多麻煩，直接通過驗票口。現在兩種卡的使用範圍已經互通，只要有其中一張，轉乘時直接感應一下就好，真的是非常方便。

但使用IC卡要小心讀卡錯誤的問題。一旦讀卡錯誤，驗票口就會響起「嗶——」聲將你擋下，讓你成為一個麻煩製造者。明明Suica卡的意思是可「順暢地[4]」通過驗票口的IC卡，卻常讀卡失敗，讓人傷透腦筋啊！使用的時候，還是得要多多留意喔！

另一個容易犯的錯誤，是因為餘額不足而被擋在閘門外，所以要隨時注意卡片裡的餘額，或是多準備一張卡。記得時常儲值，以免阻礙人潮流動。

請注意，不是拿真的「西瓜」感應喔！
嗶——

潛規則8

特急、急行、快速、特快；
待會是、下一班、再下一班。
不管標示多麼複雜，
都必須一看就懂

Tokyo Rules

東京的電車種類很多，依停靠站的多寡分成特急、急行、快速、特快、準急等，其中最快速的是特急，要享受較快的速度，相對的就得多花一些車資，這在其他縣市也是一樣的。不過，東京的京王線和東橫線卻有不需加收特急列車費用的路段。「這應該要額外加收費用吧」，剛到東京的人只要有這麼一瞬間的猶豫，就只能眼睜睜看著一班電車開走。

每家鐵路公司的車種命名也不盡相同，導致難以輕易從名稱判斷速度。大致上，從快到慢依序為特急、急行、快速、準急與區間車，依此原則搭車應該不會有錯。當然也有例外，有些路線的快速列車比急行快，有的則是快特列車比特急快，甚至還有一種比急行快、卻比特急慢的通勤特急列車。雖然很複雜，但只要熟悉自己常搭的路線，就不會有太大問題。

還有一件事會讓外縣市的人感到困擾：東京很多的車站告示板都會顯示「待會是」、「下一班」、「再下一班」，乍看之下讓人摸不著頭緒。雖然能明白「再下一班」大概是「下下一班」的意思，但「待會是」和「下一班」到底是哪一班比較早發車呢？關西地區的民營鐵路通常是使用「先發」、「次發」、「次次發」這種清楚的標示，初到東京的關西人肯定會對著告示板吐槽：「到底哪一班車會先來啊」！

在此揭曉正確答案——「待會是」意即this train，「下一班」則是next train，所以是「待會是」的電車先發車。

潛規則9

如果錯過末班電車，必須到車站附近的特定地點搭乘計程車

Tokyo Rules

外縣市的人們通常都以汽車代步，沒車就寸步難行，甚至有些家庭每個人都有一台自己的車，因此很少有機會搭計程車，若遇到非得搭計程車出門的情況，大多會選擇電話叫車。

而在東京，很少人會為了叫計程車而特地打電話，因為只要走到大馬路上，隨處都招得到計程車。有些時段或地點，路上的計程車甚至比一般自用車還多。

雖然東京有「計程車天堂」之稱，卻也有招不到計程車的時候。例如末班電車開走後的站前廣場，可以看到許多錯過末班電車、想搭計程車回家的醉漢們蜂湧至站前的計程車乘車處。如果在週末，見到站前大排長龍的候車乘客也不是什麼稀奇的事。

此時一定會有些愛耍小聰明的傢伙，打算到稍微遠一點的地方攔計程車！但這是違規的，想搭計程車就必須到站前的特定乘車處排隊。在銀座還設有「銀座禁載地區」，如果在特定時段於非乘車處載客，司機將會受到重罰，所以千萬別為了不想排隊而故意跑到稍微遠一點的地方攔車，計程車只會咻地從你面前經過而已。

潛規則10

搭乘計程車的時候，千萬不可掉以輕心

Tokyo Rules

「咦？繞路了吧……」、「就說那條路是單行道」、「為什麼要走這條會塞車的路」，在東京搭計程車，遇到這種狀況算是家常便飯，只是在責備計程車司機以前，或許你該怪的是「不知道路的自己」或「沒事先確認目的地周邊路況的自己」。

因為東京到處都是新手計程車司機。計程車公司常因人手不足，逼不得已雇用沒經驗的外行人。從外縣市來東京賺錢的人、被裁員或因公司破產而找不到容身之處的上班族、想憑實力賺取薪資而跳槽的人……等，都紛紛湧入計程車這個行業。

還有一個原因是，東京的載客範圍實在過於廣泛。就算是資深的老手，也很難記住東京全部的路，所以計程車司機通常只在自己熟悉的區域裡招攬客人，一旦載到遠程的客人，就得在不熟悉的區域裡開車，沒多久就會迷路。因此，搭上計程車之後，不妨先問問司機是否熟悉目的地附近的路，如果擔心有問題，也可確認車上有沒有裝設導航系統。最讓人放心的，是選擇公認最有經驗的自營計程車，尤其車頂掛有評等三顆星的達人司機更是首選。另一個判斷標準，是從車身側邊確認計程車的所屬地區，盡可能挑選離目的地較近的區域，那麼只要不是新手司機，應該都能熟門熟路地送你到達目的地才對。

潛規則11

開上首都高速公路前，要先預習

Tokyo Rules

首都高速公路對不熟悉的人來說，簡直就是一座迷宮。光看首都高速公路的地圖，就複雜到讓人頭昏眼花了。

首都高速公路對經常使用的人來說或許很方便，但新手若天真地以為「跟著指標走就沒錯了吧」，就會不知不覺開到相差十萬八千里的地方。在高速公路上可沒有讓你猶豫的時間，不只沒辦法停下來看地圖，一旦錯過也無法回頭。要是不斷地「上錯交流道」或「錯過出口」，最後可能開到一個連聽都沒聽過的地方。

另外，東京的「高速」公路，原則上是速限六〇公里，外縣市的人想必無法想像為什麼速限這麼慢，這是因為東京的高速公路上常會出現急轉彎、車道匯流與分歧路線。

日本的交通規則規定右車道為超車道，所以遇到匯流或分歧時，用路人通常會從左側進入左車道。

但首都高速公路不存在這種「常理」，左右都可能遇到匯流或分歧路線。要是天真地從右側靠近，很可能會被逼入超車道，這可是非常危險的啊！

接下來遇到的是芝浦和濱崎橋交流道！穿過彩虹橋，從台場往銀座方向行進，會進入一段刺激的路程：首先在芝浦交流道，與一號羽田線及十一號台場線匯流，接著在濱崎橋交流道遇到分歧路線，分別往環狀一號線的銀座方向和新宿、澀谷方向。從彩虹橋過來的時候，雖然可以直接上交流道，但如果一直走在四線道的最左側，又想往銀座方向去，就必須不斷地換車道，從左側切到最右側；然而這時候右側會有一整排從一號線往新宿、澀谷方向的車向左靠，逼得要往右切與左切的車「一輛接一輛」彼此交會，讓人難以想像是在高速公路上行駛。

沒有比這更難懂的路段了，而且非常危險，有時甚至讓人覺得「早知道走平面道路還比較安全」，世界上恐怕找不到任何一條如此設計不良的高速公路了。

結論是，想要順利地行駛在首都高速公路上，必須事先把首都高速公路的地圖烙印在腦海裡，然後實際上路幾次，準備好多花一些走錯路的學費，要不然就只有在每次上路前，先透過地圖規劃最佳路徑之後再出門。

順帶一提，二〇〇五年四月以後，雖然已經解除摩托車承載二人禁行高速公路的限制（駕駛必須在二十歲以上，且擁有重型機車或普通機車駕照超過三年），但首都高速公路的都心環狀線部分區間，是日本全國唯一仍保有這項限制的路段，關於這點，還請各位騎士多加注意。要是後面載著女朋友，卻在禁行路段被攔下來，那可就丟臉丟大囉！

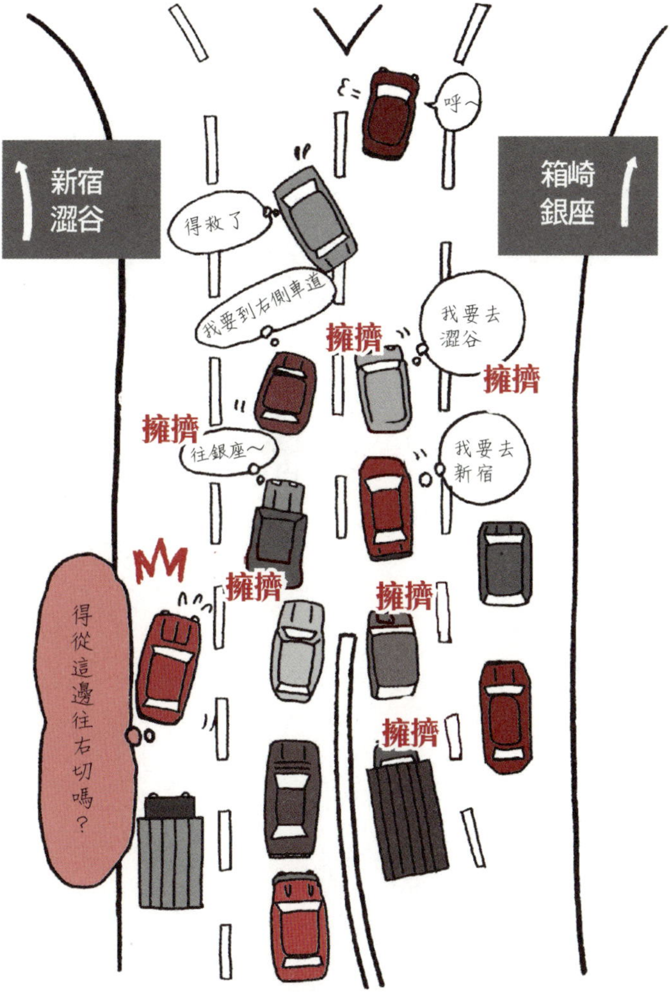
新宿
澀谷
箱崎
銀座
呼～
得救了
我要到右側車道
擁擠
我要去澀谷
擁擠
擁擠
往銀座～
我要去新宿
擁擠
擁擠
擁擠
得從這邊往右切嗎？

潛規則12

百貨公司或飯店就算設有停車場，也不是免費的

Tokyo Rules

其他縣市的路邊到處都是停車位，不管是購物還是吃飯，只要是開車才到得了的地點，肯定設有非常寬闊的停車場，而且一定是免費的。對消費者而言，這是想當然爾的服務，因為消費者是來消費與接受服務的。

不過，在東京可就不是那麼理所當然的。就算這些地方設有停車場，也不會是免費的。百貨公司多會提供消費滿兩千日圓免費停車一小時的優惠，但只能折抵絕非免費，不小心逛得太久，停車費可能會非常驚人。至於飯店普遍會提供房客停一天一千五百日圓的優惠價，但還是太貴了。

若要到沒有停車場、規模小的店家，就得利用立體停車場或投幣式停車場停車。到特約商店消費或吃東西還可透過消費折抵停車費，若非特約商店，停車費可能會比油錢還貴。

即便如此，東京的停車場還是一位難求，光是找停車場就夠難的了，想在路邊找到停車位更是難如登天，因為東京禁止停車的地方很多，隨便臨停可是會落得被開罰單的下場。

基於上述緣故，東京人會將確定有無停車位列為優先考慮的事項。若需開車出遊，一定會先調查附近有無停車場和停車優惠。若在東京都內，可利用s-park(http://www.s-park.jp/)網站查詢，除了查詢地點，還可以設定停車費的區間以及提供即時車位情報。總之，切記東京的停車場一定是要收費的。

潛規則13

公車票價沒有遠近之分

Tokyo Rules

到東京生活一陣子，已經開始習慣電車、地下鐵和標準日語的人，可能還會遇到一種恐怖又危險的交通工具——公車。

東京也是有公車的，只不過它的存在感稀薄得讓你幾乎感受不到。外縣市公車的主要客群通常是小孩或老人，東京的公車也不例外。

鄉下地方的人們，只要有駕照就會開車代步，而在都市，因為搭電車很方便，所以會搭乘公車這種在地大眾交通工具的，只有通學的高中生或是住在附近的老人家了。

不過，要是遇到不得不搭公車的時候，卻不知道該怎麼坐，可能會發生一些意外……

外縣市的公車通常是從後門上車，然後從機器抽取分段票，下車的時候再根據分段票算出搭乘距離結算車資、付錢，這是最直接的方法。不過在東京搭車時，如果來自外地的你不巧排在最前面，還習慣性地從後門上車，那麼排在後方的人肯定會一臉訝異地看著你並往前門走去。沒錯，東京的公車幾乎都是從前門上車的，而且採上車收費。不管乘坐幾站，都是付同樣的車資。第一次在東京搭公車，若不懂這些規則而慌忙到把錢包裡的零錢全撒出來，不僅代表你是個鄉巴佬，可能還會被罵呢！

潛規則14

會乖乖等待紅燈轉為綠燈

Tokyo Rules

紅燈停、綠燈行是基本常識，但走在空曠的地方、左右都不見任何來車時，外縣市的人大概都會假裝沒看到紅燈，直接穿越馬路，畢竟路上車子本來就不多，而且外縣市的郊區有時連斑馬線都找不到，所以不管到哪都可說是行人的天下。

不過，東京人是很遵守交通號誌的。或許有人覺得「這不是廢話嗎？東京路上的車子那麼多」，但實情並非如此，東京固然車流量大，但還是有很多地方會因為號誌切換的時差而不見半台車的蹤影。

沒有來車的時候，東京人還是會乖乖地等待號誌燈由紅轉綠，乖到有點笨的地步。換作是大阪人，肯定會忍不住吐槽「這些人是笨蛋嗎」！雖然是非常舊的調查資料，但據說在大阪，只有百分之十．五的人會等到綠燈才起步（資料來源：《國際交通安全學會誌》Vol.5 No.4，〈地域文化特性與運動行動〉），而且就算綠燈已經開始閃爍，大阪人還是大搖大擺地慢慢穿越馬路；相較之下，東京人則是一看到綠燈閃爍就齊步向前衝刺。

東京人很重視所謂的「群體」。如果有人的步伐與眾不同，那人一定會被冷冰冰的視線夾擊。東京人不許有人偷跑，也無法容忍插隊行為，所謂「槍打出頭鳥」就是這麼一回事。雖然東京人與大阪人都是急性子，但是東京人非常守秩序，對遵守規矩這點非常嚴格。

Tokyo Rules

交通篇

生活篇

街道篇

住宅篇

對話．人際關係篇

潛規則15

在髮廊被問到「有沒有哪邊會癢呢？」就算真的很癢，也要毫不猶豫地回答「沒有」

在髮廊洗頭時，一定會被問到「有沒有哪邊會癢呢」。這時候，就算真的很想說「再右邊、右邊一點，右邊有點癢」，也要斷然回答「沒有」，這才符合東京人的風範。

畢竟很難說清楚到底是哪邊癢，就算說「距離你現在左手的地方，往九點鐘方向過去五公分的地方很癢」，也只是讓設計師為難而已。其實我們也搞不太清楚原因，總之很多東京人都這麼回答。或許是怕一旦回答哪邊癢，會被認為「這傢伙是不是沒有每天洗頭啊」？東京是個「隨時都要表現得很時髦」的地方(應該吧)，就算對象是設計師也不容許一刻的鬆懈！

對剛來東京的人而言，去髮廊是一件非常令人緊張的事，一來是東京的髮廊琳瑯滿目，二來光是「東京」這兩個字(尤其是青山或表參道的髮廊)，就會讓人覺得門檻很高。不過，髮廊本來就是最典型的服務業，通常會打造成讓人放鬆的空間，自在一點也沒關係。順帶一提，關西人好像都會清楚地點出到底是哪邊癢喔！

所謂東京人，服裝、髮型與動作隨時都得保持酷帥有型！
今天麻煩您幫我剪頭髮……
型男
甩髮
搞定了！
好、好的
嘩啦
嘩啦
請問有哪邊癢嗎？
瞬間
起身
唰
溼答答
沒有喔
啊……
不小心做出反射動作
噹啷
……
※ 耍帥也要有個限度喔

有沒有哪邊會癢呢？
嘩啦
嘩啦
沒有
……
……
嘩啦
嘩啦
搓搓搓搓搓
嘩啦
嘩啦
抓
抓

潛規則16

就算是去離家很近的地方，也絕不能掉以輕心

Tokyo Rules

外縣市的人對服裝儀容非常不講究，常會看到穿著睡衣、半夜去便利商店買東西的人，也聽過有人早上穿著睡衣走進咖啡廳，甚至有些人會在店家的和室座位坐累了就躺下來，認為「到哪都是自家客廳」。

回家的第一件事就是先換上運動服，之後若有事，也直接穿著這副模樣出門。總之，輕鬆舒服最重要。雖然並不是所有的人都這樣，但這種穿衣文化幾乎已成為地方的「主流」(如果你不是這樣的人，還請多多見諒啦)。

東京人就不同了，只要出了家門，就屬於公共場所。「只是去附近而已，不用打扮啦」的觀念絕對是行不通的，因為鄰居不一定都認識你。就算只是去便利商店買個東西，女性至少會畫個底妝，畢竟平常就有在拔眉毛、注意外表，所以更不容許自己素顏出門吧，更何況身邊都是漂亮女孩，當然不能認輸。

另外，東京的夜晚依舊燈火通明，邋遢的模樣也會被照得一清二楚、無所遁形。假設真的穿著睡衣在街上晃，在東京很可能會被當成可疑人物，若被警察叫住盤問也不奇怪。正因為四周都是陌生人，東京人才會這麼在意旁人的眼光。

潛規則17

不管是颱風直襲
還是降下破記錄的大雪，
都不會穿雨靴

Tokyo Rules

縱使雪積得再厚，縱使卡崔娜等級的颱風來襲，東京人都不願穿上雨靴，甚至可以感覺到他們散發出一股「就是不穿！」、「怎麼可能會穿啊！」的氣勢。

雖說東京氣候穩定，基本上不太需要穿雨靴，但這並不構成東京人不穿雨靴的理由。在其他縣市，除了愛美的年輕人和必須身著套裝的上班族外，遇上雨天或下雪的日子肯定會穿上雨靴，因為能抵禦雨雪的就是雨靴，沒有比它更好的選擇了。

然而，要在什麼都賣的東京買到雨靴，卻是件非常困難的任務。這似乎不是單憑一句「因為不夠時髦，所以不賣」就能解釋的事，畢竟就連對時尚完全不感興趣的人也不穿雨靴，更妙的是，連小學生也不穿。

那時髦的雨靴呢？我們跑遍全東京，結果真的找到了。

在「Sony Plaza[5]」有賣BENSIMON的高級雨靴以及格紋的可愛雨靴。但，貴得嚇人。隨便一雙就要價超過一萬日圓，再怎麼追求流行的人，遇到一雙一萬日圓以上的雨靴也買不下手吧，再怎麼說，雨靴就是雨靴，若有這筆閒錢，就拿去買別的鞋了，例如一般的靴子。啊，倒是看過有人穿AIGLE的橡膠長靴，那大概是在東京路上唯一看得到的雨靴了，但還是要價一萬多日圓，而且也沒那麼常見。

哎呀，還有一處隨時看得到，那就是位於東京市中心、銀座旁邊的築地魚河岸。不過，那該算是工作服吧？既然是制服，平常肯定不會穿。

所以說，準備要來東京討生活的大家，請把愛用的雨靴留在老家吧。在東京可找不到穿著日式傳統雨靴的人喔！即便雨水會滲到鞋子裡，東京人也絕對不會穿雨靴的。

颼
呀呀呀
搖搖
晃晃
咻
呀
拐到
!!
滾滾
哎
呀
我是絕不會穿雨靴的
因為大家都叫我
高跟鞋桃子姐啊……
笨蛋～
笨蛋～
晃晃
搖搖
我絕不會認輸的

潛規則18

遇到地震也很淡定

Tokyo Rules

「咦，是不是在搖，在搖了？」、「地震？」，會有這種反應很正常，但東京許多人遇到地震卻還是一臉若無其事的樣子。「突然地震就要立刻躲在桌子底下，學校不是都這樣教嗎？」……對吧？

地震是最讓剛來到東京的外縣市居民和外國人感到吃驚的事之一。東京的地震頻繁，常會感覺到搖晃，關東地區的地震頻繁程度據說比起關西高出三～五倍。東京因為板塊運動的關係，時不時就會震一下，無怪乎東京人會說「別每次地震都大驚小怪啦！」。話說在阪神大地震、新潟縣中越地震接連發生後，普遍認為東京近年內發生垂直型大地震的可能性相當高，所以東京人就算表面裝作不在乎，心底應該還是不安地認為：「不知道大地震何時會發生，真是好可怕啊」吧？

其證據之一，就是在首都圈賣到翻的《震災時返家支援地圖首都圈版》（昭文社）。當大規模地震發生，交通勢必中斷，此時聚集在市中心辦公的上班族都必須徒步回家，這本地圖裡記載了返家路線、東京都返家支援站（提供水、廁所與資訊）還有不適合步行的危險場所等資訊。因為東京與外縣市不同，有很多從隔壁的千葉、埼玉甚至是群馬縣，花兩個小時坐電車到東京通勤的人，所以若真的發生大地震，前往東京通勤或通學的人，手邊一定得帶著這本地圖才行。結論就是，要在東京生存下去，就得先想好災害時的應變對策。

潛規則19

用在家庭料理裡的肉就是豬肉

Tokyo Rules

在東京，咖哩、奶油燉菜、馬鈴薯燉肉裡所使用的肉，一定是豬肉。如果使用的是牛肉，就會特別寫出「牛肉」二字，例如牛肉咖哩或牛肉奶油燉菜。東京人普遍認為牛肉是上館子才吃的肉，舉凡燒肉、壽喜燒、涮涮鍋、牛排，使用的都是牛肉，而家庭料理則一律使用豬肉。

在關西地區提到肉的話，指的一定是牛肉。肉包的肉也是用牛肉，若是豬肉做的肉包，店家一定會寫成豬肉肉包，分得很清楚。

這種文化的差異似乎是從關東驅馬拉犁，而關西靠牛拉犁開始的。進入明治時代之後，日本人開始習慣吃肉，於是牛肉壽喜燒也開始流行，由於這種流行是從關西的神戶發跡，神戶牛也因此聲名大噪，接著又出現了松阪牛，最後演變成在關西只要提到肉，指的就是牛肉的現況。在關西說「去買肉」，買回來的就會是牛肉。這就是與歷史有關的飲食文化差異。

與朋友們一起去露營時，請務必先確認咖哩、燉菜與馬鈴薯燉肉（好像不會在露營的時候做？）到底要放什麼肉，不然可是會在露營場吵起來的喔（不會嗎？）！

潛規則20

比起烏龍麵，更愛吃蕎麥麵

Tokyo Rules

東京人出了名的愛吃蕎麥麵。對風流瀟灑的江戶人來說，烏龍麵的烹煮時間實在久不可耐，反觀蕎麥麵既可迅速煮好，又能大口大口吃完，味道也很不錯，簡直無可挑剔。一口氣咻咻咻地吸起麵條，連嚼也不用嚼就會滑溜溜地流進喉嚨，實在是令人難以抗拒的暢快啊！

東京有很多家蕎麥麵店，除了傳統的老店之外，像「富士蕎麥麵」這種站著吃的連鎖店也到處都是，不少居酒屋也有賣蕎麥麵。之前美國前總統布希來訪時，提供蕎麥麵與壽司的和食餐廳「權八」也蔚為話題。神田周邊也有許多例如「松屋」、「神田藪蕎麥」等，擁有百年歷史傳統的高級名店，讓蕎麥麵迷讚嘆不已。

而如此熱愛蕎麥麵的東京，前陣子竟也掀起了一陣讚岐烏龍麵的風潮。雖然也開了不少家連鎖店，但要在東京找到烏龍麵還是不太容易。關東和關西不同，連烏龍麵火鍋店都不常見。東京人在喝完美酒後，習慣吃蕎麥麵當結尾，或許是因為烏龍麵在東京被當作正餐的緣故，喝完酒之後吃烏龍麵，對東京人來說還是太有負擔了。若想當個道地的東京人，喝完酒後絕對要記得點碗蕎麥麵來吃，雖然也有喜歡吃拉麵的人，但是拉麵並非源自東京，而是來自中國的食物啊！有些店家提供加了蕎麥麵麵湯調製的蕎麥燒酎，喝完後還能再吃蕎麥麵做結。只要是東京人，酒足飯飽的最後肯定是吃蕎麥麵！

Tokyo Rules

交通篇

生活篇

街道篇

住宅篇

對話．人際關係篇

潛規則21

電扶梯靠左站，右側必須留給通行的人

在東京搭乘電扶梯的時候，一定要記得靠左側站，將右側留給急著趕路的人通行。搭電動步道時也一樣是靠左。日本電梯協會雖然不斷地宣導不要在搭乘電扶梯時行走或奔跑，以免發生跌倒意外，但都市人多數都是急性子，電扶梯的「單側淨空」也就成了約定俗成的潛規則。

對這條潛規則感到困惑的就是來自關西的人，因為在關西當地的這條規則正好相反，是「靠右側站立，左側淨空」。放眼國際，關西的規則也較常見。規則之所以會如此的原因，其實眾說紛云，據傳是在失去平衡時，還可用慣用手（慣用右手的人壓倒性的多）握住扶手，所以靠右側比較安全。而這條規則會在關西普及的契機，最有力的說法是一九七〇年舉辦大阪萬國博覽會時，仿效美國的這項規則而開始的，但東京為何是靠左站立，理由至今仍不明朗。

若從邏輯來看，關西的規則比較合乎常理，但既然住在東京，就應該遵從東京的規則，才不至於亂成一團。關西某些地區對東京雖存有敵對意識，但大家還是願意遵守這條規則。即使不是明文規定，關西人還是願意順著這條唯一不同的交通規則。所謂「入境隨俗」，來到東京搭乘電扶梯，還是跟大家一樣靠左站立吧，若是呆呆地站在右側，可是會被後面的人揍的喔！

潛規則22

在街上被陌生人搭話時，最好不要理

Tokyo Rules

「不好意思！」，走在街上聽見有人向你這樣搭話時，通常會反射性地回應，但在東京，無動於衷地走開才符合潛規則。

若是聽見路人說：「我正在學看手相，能不能讓我看看您的掌紋呢？」，就以為「太棒了，可以免費看相！」，很可能不知不覺間就被推銷買下高價的印鑑；又或者遇到可愛的美女笑咪咪地說：「我正在開畫展，您能不能來看一下，給我一點建議呢？」，就樂得腳步輕飄飄地跟著去，最後可能被迫購買你一點也不喜歡的畫。這些例子層出不窮。

「不可以跟陌生人走！」，從小父母親就如此教導我們，但這句話到了東京，對大人也很受用。剛到東京總是寂寞的，內心總是渴望找人說說話，但是在路上遇到這類搭話時，不予理會才是明智之舉。其中雖然有些是沒有惡意的搭話，例如雜誌的問卷調查或電視台的街頭採訪，但重要的是能不能清楚分辨。因為就算有人走過來說：「你很可愛耶！」，恐怕也不是搭訕，而是要找你去特種營業場所消費，酒店這類聲色場所還算安全，就怕會落入更可怕的圈套中。只要不感興趣，請務必裝作沒聽見迅速走開。武藏野市領全國之先，實施了「禁止強迫推銷」條例，這對有良心的業者或許是種麻煩，但黑心業者還是佔多數，希望類似的條例能在全國各地實行。

不好意思
啊 請說
喔♡ 美女
不好意思
啊 請說
又來了？
不好意思
啊～ 請說
喂喂喂～
怎麼回事？該不會找到東京變成了
¥300,000
¥400,000
¥360,000
¥280,000
¥160,000
大帥哥!?

不好意思
搖頭
不好意思
搖頭
不好意思
跑走
要是回答其中一個也好啊……
我都交不到女朋友啊～
唉
還是算了吧！

潛規則23

男性別獨自一人走在歌舞伎町

Tokyo Rules

除了白天會有陌生人跟你搭話外，過了下午五點也會。這時已經不是強迫推銷或可疑的手相占卜，取而代之的是路邊的小酒屋或卡拉OK的店員出來笑臉盈盈地拉客：「要不要唱卡拉OK呢～二千日圓就能盡情歡唱喲！」、「現在啤酒只算三百五十日圓，立刻能為您帶位喔！」。走在新宿或澀谷這些鬧區裡大概每二十公尺就會看到喊著這些口號的傢伙站在路旁，若是每個都要客氣地回應：「不用了」、「我已經決定好要去哪間了」，恐怕永遠也到不了目的地。

男性真正要怕的是來自酒店、小酒館、特種營業場所的拉客。「一小時只要五千日圓喲，有可愛的小姐陪酒喲～」、「喝到爽只要四千日圓！我們有很漂亮的小姐喲～」，要是被這種迷魂湯騙著跟去，當然不可能一個小時就脫身，在酒店小姐的柔情攻勢之下，眨眼間就開瓶十萬日圓的酒、花一大筆的錢。「這附近黑心店家很多，讓我為您介紹可放心喝酒的店吧！」，以這類花言巧語騙你上當的黑心酒吧也很多，最常見的是在結帳時，尾數的零莫名其妙地多出一到兩位數，這時候就算慌張也沒用，因為身邊環繞的都是面目猙獰的黑道兄弟，逼你邊哭邊拿出信用卡結帳……。在石原都知事[6]加強特種營業法之下，這類的黑心拉客行為的確慢慢減少，但是背地裡還是有很多陷阱，請務必忍住想一親芳澤的慾望，別靠近那些可疑的店家或是陌生人。

潛規則24

不可攪亂鬧區的人潮流向

Tokyo Rules

一到外縣市，就會感受到時間步調與東京有明顯的差異。例如，人們的步伐變慢、說話的速度也變慢了，一回神才發現自己在發呆。只要是去到東京之外的地方，大概都會有類似的感覺。

只有大阪是唯一的例外，悠哉地走在路上可是件危險的事。雖然是非常舊的調查資料，但據說大阪人的平均步行速度為每秒一．六公尺，勇登全國之冠，足以證明大阪人是全日本性子最急的人種。但東京也毫不遜色，東京人的步行平均速度為每秒一．五六公尺，屈居於日本第二名（資料來源：《國際交通安全學會誌》Vol.5 No.4〈地域文化特性與運動行動〉）。感覺上，大阪是所有人的步調都很快，而東京則是每個人配合著東京這個城市的步調在行動。

儘管步行速度不如大阪，但走在東京的鬧區也是相當緊張的，因為東京街上平常就擠滿了比外縣市祭典時還要多好幾倍的人數，這對剛來東京的人而言，絕對是一種文化衝擊。

最令東京新居民為之怯步的路段，莫過於澀谷忠犬八公像前面的十字路口，因為來自各個方向的人群會於此路口快速交錯，若沒能反應過來，常會不小心與其他路人發生碰撞。等到你能下意識地穿梭於人群之中時，就算是真正的東京人了。來到東京，就得學會在肩膀相撞前，靈巧閃避的技術。人與人之間，不管物理上的距離多近，都是毫無關係的陌生人。總之，在東京千萬不要打斷他人的節奏就對了。

接下來要傳授大家的是，身手再怎麼遲鈍都能穿過擁擠人潮的祕技！
左顧
右盼
兩眼發光
咻
找到了！
緊
跟
咻
咻
咻
跟在能一路往前穿過人潮的人背後準沒錯！
對方若要去的方向跟你不同再找另一個人跟上
（這是真的）
咻
咻
咻

喔，好懷念
玩玩看吧！
打地鼠
GAME
探頭
敲
哈哈哈
你很爛耶～
探頭
敲
探頭
敲
探頭
敲
……喂喂喂，你是故意的吧？
而且都閃得剛剛好！神技！
咻
連這種事也閃得好才符合東京潛規則！
咻

潛規則25

在街上看見藝人，也要假裝沒看見

Tokyo Rules

東京住著很多藝人，無怪乎外縣市的人會抱著「東京是電視裡的人住的地方」的印象。只要聽說藝人要來外縣市，當地居民通常會想前去一睹風采，運氣好的話還可以要個簽名。只要是藝人，哪位都好，說得誇張一點就是飢不擇食，要問為什麼的話，一切就只因他／她是藝人，是在電視裡出現的人啊。嗯，雖然不是每個人都對藝人感興趣，但外縣市的年輕人大部份都是想追流行的嘛。

若有機會來到東京，外縣市的居民在出發之前就會開始想像：「不知道有沒有機會見到藝人？」，心情也跟著七上八下。每當翻閱著藝人名鑑就會幻想「東京有這麼多藝人，總會遇到幾個的」。那麼實際情況又是如何呢？基本上，只要住在東京稍微久一點、別老是期待遇到超大咖的巨星，真的很有機會遇到藝人，不管是在路上、在咖啡廳、在飯店還是在夜店，藝人常出現在各種地方。

「哇！遇到了！真幸運～」，我明白你當下想飛奔過去的心情，完全理解。但此時可不能失態地湊上去，因為東京人認為遇到藝人就如此大驚小怪，是件很丟臉的事，他們大概只會在心裡驚嘆一聲，然後忍住興奮，低調地偷瞄而已。畢竟那是藝人們的私人時間，讓他們擁有一點隱私才符合禮儀。沒有人希望被打擾，這點就連藝人也不例外。不過，要是他們正在進行外景拍攝，那情況就完全不同了，此刻若不熱鬧一點，那才是真的失禮呢。

潛規則26

店家、馬路、電影院、美術館，去哪裡都人擠人是正常的

Tokyo Rules

東京人山人海，隨處可見排隊的隊伍，舉凡拉麵店、餐廳、居酒屋、百貨公司、唱片行、書店、電影院、美術館、星巴克、早上或接近末班時間的電車、假日的國道一三四號線、首都高速公路、東京迪士尼、法律事務所[7]（這是電視節目啦！）。真要舉例，一時之間還真沒完沒了，啊，就連位於千葉縣的東京迪士尼也被算在東京頭上啊！

總之，不管去哪裡，肯定人滿為患，到處都是等待叫號的排隊人潮。若看到沒人排隊的餐廳，反而會引起你的戒心。對於當地很少排隊的外縣市居民而言，排隊是件難以忍受的事，但在東京卻只是日常生活的一部份。

不過，要是每次都「嘖，排那麼長啊」而打退堂鼓，就永遠得不到想要的東西，所以有時忍耐是必需的。話雖如此，東京人的忍耐也是有極限的。

東京人除了會排看起來「只要排一下」的隊伍之外，還會為了「稍微縮短」排隊時間而費盡心思。就算不是特別有名的店，一到接近週末的晚上，只要多點人就進不去，而要找間進得去的店家，隨便也得花上三十分鐘或一小時。

所以，東京人一定會預約。有些店可當天預約，所以就算是臨時起意的聚會，也一定會先試著打電話預約。美食情報網站「GURUNAVI」（http://www.gnavi.co.jp/）和依地區發行的「HOT PEPPER」免費資訊報（網頁版：http://www.hotpepper.jp/）等等，除了提供豐富的資訊，有時還會附上折價券，都對找到理想的店家或預約很有幫助。

更進一步的話，可以把喜歡的店家或KTV的電話存在手機裡，不知該去哪裡續攤時，就能立刻確認店家的情況。

此外，東京的美術館或博物館雖然隨時都在辦展覽，但遇上熱門的展覽，也是會人擠人。建議大家避開展覽的第一天與最後一天，相較之下比較不擠。

另外也建議大家直接跟中意的店家或場地聯絡，打聽何時容易客滿、何時客人較少。

東京到處擁擠是常態。身為東京人，必須努力地讓自己在不浪費時間等待之下，完成想做的事情。

今天，我要跟心儀已久的花子小姐來場期待已久的初次約會
這麼寶貴的一天，我每分每秒都想待在她的身邊……
聽說這個遊樂設施超級好玩的耶！
真幸福
別過臉
是喔……
等待90分鐘
從這裡開始要等90分鐘！
聽說這家拉麵無敵好吃喲！
啊，太幸福了
……
隔天
不好意思，我不能跟你交往。花子
……
※初次約會，就別做這種安排吧。

潛規則27

車站是一處巨大的陷阱

Tokyo Rules

東京的車站，尤其是總站這種大型的車站，根本就是一個讓人焦慮、迷惘、害人遲到的巨型陷阱。初來乍到的人是很難從這個圈套脫逃的。

舉例來說，多條路線錯綜複雜的澀谷站、新宿站、池袋站與東京站，這幾站連對東京人來說都是個難題，幾乎沒人能把這些車站掌握得一清二楚。

外縣市的車站大多只有一個驗票口，構造可說是非常簡單。

但東京的大型車站卻同時存在好幾處驗票口。北口、南口、東口、西口，若僅有這四個出口那還算和藹可親，姑且讓我們來看看東京站又是如何吧。

或許有人以為電視裡常看到的紅磚建築物就是東京站，但那其實只是車站的冰山一角，是從「丸之內」方向看過去的車站而已。丸之內這側的驗票口除了丸之內南口，還包括丸之內中央口、丸之內北口、地下南口、地下中央口、地下北口；另一側的「八重洲」則有八重洲南口、八重洲中央口與八重洲北口；其他加上日本橋口或新幹線的驗票口，總數約有十處以上的驗票口。

光是這麼多驗票口就夠讓人眼花撩亂，然而澀谷站和新宿站還有與東急百貨或LUMINE這些店家直接連結的出口，甚至有些讓你以為是出口，一走過去才發現只是轉乘另一條路線的驗票口，陷入一個讓你走不出車站的陷阱。

乍到東京的人需要特別注意的是池袋站。「那我在西口等你囉！」，正因第一次約會而興奮地抵達池袋站後，打算出站時，眼前所見的卻是一堆西武百貨與東武百貨的廣告，此時不禁會想：「西口到底是哪邊啊？是西武百貨那邊嗎？啊，還有東武百貨……我要去西口，所以應該往西武百貨那邊走吧？」，被這些廣告誤導的結果就是走到東口，等你拼命往反方向的西口衝刺時，最後只會看到因為你遲到而面露不悅的男／女朋友。池袋站令人混亂的一點就是，東武百貨在西口，西武百貨則在東口，讓人不禁覺得這種安排是故意要整人的吧。

所以要去不熟悉的車站或街道時，建議先利用網路查一下地圖，確定車站的出口以及到達目的地的走法。尤其地下鐵的出口非常多，每個出口都通往截然不同的地方，所以一旦弄錯出口就搞不清楚該怎麼前進，而沒有方向感的人就算看了事先列印的地圖，恐怕也不知道自己身在何處。

剛來到東京的時候還分不清東西南北，所以若工作需要頻繁移動，在包包裡放本隨身的東京地圖會比較好。還有一件事要提醒大家，就是在東京問路常常會得到「我不清楚耶」的答案，因為東京實在太大了，對方不一定會是在地人，還請大家迷路時別對路人抱有太大的期待。

啊
不是這個出口啊？
咦咦咦……？
又走回原地了
……我
搖搖
晃晃
總算走到出口了……
……東京
咻～
TOKYO
何時如此先進了啊？

潛規則28

見面別約在澀谷忠犬八公像前

Tokyo Rules

約在澀谷見面的話，腦中最先浮現的就是約在「忠犬八公像」前面集合，這也是外縣市居民來到東京之後，必定朝聖的景點之一。

不過，東京人不會約在忠犬八公像前見面。因為要是約在那裡，很可能在人潮洶湧之下無法找到彼此，遇到下雨也沒地方躲，冬天很冷，夏天又很熱，對方遲到的時候一直站著等也很累人。

所以，凡事都追求聰明有效率的東京人會跳過忠犬八公像這個地點，轉而約在對方遲到也無妨的地點，例如十字路口對面的TSUTAYA或澀谷MARK CITY裡時髦的星巴克都是不錯的選擇，因為可以試聽CD，或坐在位子上邊喝咖啡邊看書消磨時間。

除此之外，池袋站的「池袋貓頭鷹」或東京站的「銀之鈴」都屬於經典的見面地點。對偶爾才會來東京一趟外縣市的居民來說，這兩個都是具有地標性的地方。不過，這兩個地標也快失去功能了，因為越來越多東京人除了忠犬八公像之外，連「銀之鈴」或「池袋貓頭鷹」的存在也快遺忘了。怎麼可以只是大概知道卻說不清楚地點呢？這也是個讓外縣市居民感到困惑的陷阱嗎？哎呀，反正決定相約地點的時候，一定要約在手機收訊滿格的地方。請務必記得，東京也有手機訊號很差的地方喔！

潛規則29

為數眾多的鬧區
是依目的區分使用的

Tokyo Rules

即便是住在日本第二大城市的大阪人，也會訝異於東京的「鬧區」之多。新宿、澀谷、銀座、六本木、青山、上野、池袋都是鬧區，雖同屬東京二十三區，各個鬧區的氛圍卻大不相同，路上的人有著不同的年齡層與職業，有時候就連穿著打扮與說話的方式都不同。

接著就為各位大略地介紹這些街區：新宿街頭從學生到上班族無一不包；澀谷的辣妹密度頗高；舉止高雅的長輩常出現在銀座；六本木常有外國人和藝人走動；表參道和青山很多與娛樂業界相關的人，分類大致如此。

東京人常根據用途、目的與同行者前往不同的街區。同是聯誼，與辣妹聯誼就選在新宿或澀谷，若對象換成空姐，就會選擇表參道或銀座的店。不管是多麼棒的店，初次見面也不該選在巢鴨或日暮里喝酒。

就算是同一處街區，氣氛也會隨著區塊而截然不同。以新宿為例，走出西口就是副都心，街景充滿著商業氣息，但走出東口步行十幾分鐘後，就會走進同志聖地的新宿二丁目。澀谷也一樣，走過著名的大十字路口，來到東急文化村後，周圍的氣氛瞬間變得寧靜，但是若就此放鬆防備，朝道玄坂的方向前進，就會莫名闖入閃爍著粉紅色霓虹燈、氣氛詭異的愛情賓館街！第一次約會就亂闖不熟悉的禁地，可能會留下不好的回憶外，甚至會被誤會心懷不軌。還請各位務必慎選要去的街區與區域喔！

怪獸凱斯
於秋葉原出沒！
噴火
哇！
呀～
於六本木出沒！
噴火
哇～
Oh My God!!
呀～
於巢鴨出沒！
噴火
南無阿彌陀佛
南無阿彌陀佛
凱斯
於上野出沒！
我的歸處就是這裡嗎？
上野動物園

2006.2
in 澀谷
與真理子
2006.3
in 秋葉原
與小明明
2006.1
in 六本木
與瞳
你看，我在東京是不是很受歡迎？
跟以前的我比起來是不是變了很多咧？
現在也同時劈三腿喔！
我說……這根本是不同的人吧
ALBUM

潛規則30

東京鐵塔等於「完全不會去的地方」

Tokyo Rules

說到代表東京的地標，就非東京鐵塔莫屬了。

佇立於美麗的都會夜景裡，綻放著醒目的紅色的光芒，非常有氣勢。凌晨十二點一到熄燈的時候，看起來就像根蠟燭，為了慶祝你的生日而被吹熄。這彷彿是在浪漫的連續劇裡才會出現的場景……（啊，好令人臉紅）。

走上瞭望台，可從玻璃地板「Look Down Window」（腳下觀景窗）俯視一百四十五公尺下的景色，感受一下刺激。

如此美麗的東京鐵塔，東京人卻幾乎不去。小時候可能會去過一兩次，但長大後完全不會去，對東京鐵塔的印象只存在於遙遠的回憶裡，大部分的人甚至不知道那個玻璃地板有個名字叫「Look Down Window」，其實挺時尚的呢！

而不在東京長大的人，初到東京時可能會去個一次，但住個幾年後，就變得跟上述形容的東京人沒兩樣。

東京鐵塔是個非常顯眼也眾所皆知的地方，大家從高速公路或摩天大樓上看到它，明明都會興奮地大喊：「啊，是東京鐵塔耶！」，卻被當做一個「完全不會去」的地方（早期科幻小說作家新井素子小姐曾在小說裡寫到這種心情，如今大家都很有同感）。其實，這就像住在浦安市附近的居民會因為離「東京迪士尼」太近，覺得隨時都可以去，結果反而都沒去的道理是一樣的。

Tokyo Rules

交通篇

生活篇

街道篇

住宅篇

對話．人際關係篇

潛規則31

保持恰到好處、微妙的距離感

「都市人好冷漠啊～」、「見到鄰居，連打個招呼都不會～」，住在冰冷的水泥都市叢林、冷酷無情的東京人，或許某些外縣市的人對東京人都抱持著這種刻板印象，但東京人也是會與鄰居來往的。正確來說，有些人的確不想與鄰居打交道，不過有些人覺得應該敦親睦鄰（東京人還真是麻煩啊）。

遇到住同一棟的鄰居時，還是會說個「早安」或「您好」，若是剛好搭到同班電梯，也會小聲地打個招呼。剛搬來的住戶也會帶著小禮物拜訪樓下以及左右鄰居。畢竟，這是成熟大人應有的禮貌，東京人還是會低調地做這些事。

需要再三注意的是，東京人不太喜歡登門踏戶的來往方式，就算會因為剛搬入而拜訪鄰居，也不會特地送上家鄉的土產，更不會把收到的禮物分送給別人，這種行為與其說會讓人心存感謝，還比較容易造成別人困擾，很可能會被貼上「麻煩鬼」的標籤。

保持恰到好處的微妙距離，正是東京人經營人際關係的祕訣。因為不知道鄰居的素行為何，所以東京人才習慣先給人「我不是壞人」的印象，隨後馬上抽身，讓對方知道「我不會打擾您的，請放心」。聽起來雖然很麻煩，但只要早點學會這種見機行事的哲學，就能自在地享受東京生活。

潛規則32

不要一直在意隔壁房間傳來的聲響

Tokyo Rules

雖然是眾所皆知的事，總之東京的租賃行情確實遠高於其他縣市。「這麼小間的套房要這麼貴！」，東京的租屋價格絕對會讓一直以來住在老家大房子的人驚愕萬分。還有一點奇妙的是，即使是外觀乍看美輪美奐的大廈，與鄰戶之間的牆壁也都薄得不得了，這種設計可不是什麼假隔間，而是常態，輕敲牆壁，還會發出清脆、空心的聲音。總之，牆壁薄得像紙，薄到正所謂隔牆有耳的程度。

鄰居若是舉止安靜的小姐，那當然沒什麼問題，最怕隔壁住的是血氣方剛的男學生，因為他可能會有朋友不分晝夜地前來拜訪，到了半夜，派對才準備開始；如果住著留長髮的落魄音樂家，突然來段吉他演奏也不意外；或著，也可能在夜裡聽到男女間「碰碰碰」的擾人聲響外加詭異的振動。

勇敢的人可能會大罵「吵死了！」，但是「在刮別人鬍子之前，得先刮自己鬍子」，因為一不小心，自己也可能成為噪音製造者。這問題完全出在房屋構造上，所以面對或多或少的噪音，建議大家還是選擇視而不見，不對，是聽而不聞吧，這正是東京大廈生活的奧義。如果鄰居的行為太超過，已經到了無法眼(耳)不見(聽)為淨的地步，請房東或不動產公司介入處理會是比較合情合理的方式。若是連丁點聲響都難以無法忍受的人，哪怕房租稍微貴一點，也只能選擇搬到牆壁與地板的結構都很紮實的房間了。

吵吵鬧鬧
真是吵死了
上班已經累得半死
在家就想忘掉公司與東京生活的一切，一個人安靜悠哉的過啊～
吵鬧
偷聽
可惡～我要不要去抱怨一下啊？
颯爽的六甲風
飛向蒼天
日輪的青春[8]
啊啊～
是同好啊！
唔—喔
唔喔唔喔
唔—喔—
阪—神—虎！
親切感～ !!

咚咚咚咚
很吵耶……
OX不動產
咦～？
嚇
上面沒有住人喔
還真奇怪啊～
這、這次換隔壁？
陰沉陰沉竊笑
OX不動產
冷汗
冷汗
冷汗
隔壁到五年前都還有住人
但是那位女性啊……
嘿嘿嘿
嘿嘿嘿

潛規則33

烏鴉是敵人！丟垃圾的時候，一定要罩上綠網子

Tokyo Rules

東京人超級討厭烏鴉。石原都知事也十分痛恨烏鴉，對於烏鴉防治總是不遺餘力，撲滅烏鴉是東京都的使命之一。外縣市的人應該也不太喜歡被視為不祥之兆的烏鴉。聽說外國也有聽到烏鴉鳴叫，就會招來不幸的迷信。但在東京，討厭烏鴉的民眾真的非常多。背後到底有哪些理由？

第一是烏鴉翻找垃圾的問題，以廚餘為食的烏鴉會啄破垃圾袋，將垃圾吃得滿地都是。雖然東京曾試著在垃圾外圍罩上網子，並實驗性地採用新開發的黃色塑膠袋（據說烏鴉沒辦法辨視黃色塑膠袋裡的內容物），但根本的解決之道還是在於減少烏鴉的數量。在二〇〇一年的時候，烏鴉的數量居然高達三萬六千四百隻，所幸後來展開了烏鴉獵捕作戰，才在二〇〇五年大幅減少至一萬七千九百隻，但可恨的烏鴉依舊存在。為了避免烏鴉繼續繁殖，東京人在丟垃圾的時候，都有義務小心謹慎，許多區的垃圾集中處也都準備了不可或缺的綠網子。

第二是烏鴉直接攻擊人的事件時有所聞，說不定就連都知事也曾遭遇過攻擊，所以知事才會發表「不然把烏鴉做成肉派，然後當成東京名產來賣，說不定能解決問題」的言論，而《TOKYO BOY》（MXTV）這個電視節目還真的曾經將烏鴉做成「炸烏鴉肉」、「黑胡椒炒烏鴉肉」與「烏鴉肉派」（好像還不錯吃!?）試吃過。

潛規則34

不懂得垃圾分類的傢伙不可饒恕

Tokyo Rules

大家都有做好垃圾分類嗎？東京多數區域對垃圾分類的概念越來越進步了。

在東京二十三區裡，垃圾分類最為嚴格的就是杉並區，這區大致上將垃圾分成三類：可燃垃圾、不可燃垃圾與資源回收垃圾（大型垃圾採登記處理）。到目前為止的分類還算普通，接下來的才令人吃驚。

首先以可燃垃圾而言，食用油必須先以紙張或布料吸收，不然就得以凝固劑先行凝固，才能拿出來丟；廚餘必須完全瀝乾水份；紙尿布必須先將穢物清除；竹籤這類尖銳物品必須先以厚紙板包覆，然後在上面標示「危險」二字；修剪下來的樹枝大小必須在長度五十公分、直徑十公分之內，綁成一束時，每束的直徑也必須在三十公分之內（量多時將另行收費）。

不可燃垃圾的部分，例如玻璃這類尖銳物品需以厚紙板包覆，並標示「危險」二字；噴霧罐必須清空；水銀電池、充電電池必須拿到電器行這類店家的資源回收盒丟棄；燈管、電燈泡必須放回購買時的包裝盒裡（例如瓦楞紙盒）再拿出來丟。

而資源回收垃圾的部分，紙張得先分類，再以繩子綁成一疊；牛奶紙盒之類的紙盒得先將內裡洗乾淨，剪開後，綁成一疊再丟；空瓶必須先洗乾淨，瓶蓋則一定得丟到黃色的垃圾桶裡（瓶蓋是不可燃垃圾）；啤酒瓶與日本清酒的一升瓶則屬於「可重覆回收使用的瓶子」，必須退給店家。罐子必須先洗乾淨，然後稍微壓扁，再丟至藍色（或綠色）的垃圾桶。順帶一提，髒兮兮的瓶子與罐子不屬於資源回收垃圾，而是不可燃垃圾！

「這麼多規則怎麼遵守啊！」，一般人都會這樣吶喊吧。但將觀察範圍放大至二十三區之外，就會出現分類規則更為嚴苛的地方，例如昭島市。

昭島市將垃圾分類為可燃垃圾、不可燃垃圾、塑膠、舊紙、資源回收垃圾、環境汙染垃圾、大型垃圾，總共分為七種。而且舊紙又細分為雜誌與各類舊紙（亮面塑膠加工的封面紙為可燃垃圾）、報紙（不可使用店家提供的紙袋，要用繩子綁起來）、瓦楞紙（咖啡色的信封、內側為咖啡色的紙箱、咖啡色的紙張都被歸類為瓦楞紙）、牛奶盒（塗有鋁箔塗層的屬於可燃垃圾）這四種。

此外，除了大型垃圾的處理需要收費外，可燃垃圾、不可燃垃圾與塑膠的處理也需收費。丟垃圾的時候必須使用市政府指定的垃圾袋，而該垃圾袋是需要花錢買的。

這幾年，尤其是東京郊外，垃圾的處理漸漸走向收費制度，自從一九九八年青梅市率先收費後，日野市、清瀨市、昭島市、福生市、東村山市、羽村市、調布市、秋留野市、八王子市、稻城市、武藏野市也陸續跟進。

對於習慣將塑膠分類為可燃垃圾的人而言，這些規則實在難以遵守，但還是不能馬虎。

若是不遵守上述規則、不把垃圾分類就亂丟，一旦被大樓管委會知道是誰丟的，就會指名道姓地將垃圾退回住戶門前，讓住戶顏面掃地，因為違反規則是絕對不可饒恕的行為。

明天是倒可燃垃圾，所以……
大樓垃圾放置處
(一)(二)可燃垃圾
(三)資源回收
(四)(五)不可燃垃圾
左顧右盼
隔天早上
山田
竊笑
竊笑
竊笑
我以為……這麼萌的東西是可燃垃圾啊……
雜誌為資源回收垃圾
管理員

潛規則35

不能被榻榻米的疊數騙

Tokyo Rules

迎接令人憧憬的東京生活，六疊[10]大小的新居雖然略嫌狹窄，但也沒關係，這麼點問題還在容許範圍之內……如果你打算抱著這種想法入住，請務必三思！因為這種大小的房間可不能算是「略嫌狹窄」啊！真的有六疊嗎？仔細一看就會發現，的確是有六疊榻榻米，數量雖然是對了，但每一疊都是迷你尺寸的。「喂！這算詐欺吧？」，就算因此認為東京是個險惡之地也不為過。

東京常見的榻榻米稱為江戶間，與京都、大阪、中國、四國、九州一帶使用的京間比較之下，單塊榻榻米的尺寸確實比較小。六疊京間約等於七．一疊江戶間，而當習慣京間尺寸的人來到東京後，以為租的是六疊的房間，實際上江戶間的六疊大小只有京間的五．一疊，當然會覺得房間小了二疊左右。

最近正方形的琉球疊也很流行，所以若只以幾疊來衡量，就會因為每個地區使用的榻榻米不同而發現房間的大小完全不一樣。即便疊數相同，也不一定如想像中的一樣寬敞。

所以，習慣京間尺寸的人來到東京後，絕不可單憑疊數就照單全收。下篇潛規則36會針對這部分說得更仔細。希望大家事先銘記於心的是，一旦發現「這麼狹窄的房間哪能住人啊」，這時候就算花錢消災也無法輕易搬離。

潛規則36

搬到其他大廈或公寓時，就要用所謂的「東京條款」與房東對抗

Tokyo Rules

月租七萬日圓的房間，粗估水電費等等的開銷，一個月只要準備個十五萬日圓大概就沒問題了吧？……老實說，這樣還是租不起的，因為這裡可是東京。在東京租房子通常得另外支付敷金與禮金。敷金簡單來說就是付給房東的押金，若之後不打算續租，這筆錢就可充當積欠的房租或房間的整修費，如果沒有任何問題，就會全數奉還（理論上是這樣）。禮金是付給房東的謝禮，最近也聽過房東不收敷金與禮金的例子，但房東分別收取一～二個月的租金做為這兩筆錢的費用才是正常情況。再加上當月房租、預付下個月的房租、仲介手續費再收一個月房租，林林總總加起來在租屋之前得先準備六個月的房租才夠，而且這裡提到的敷金與禮金，在每個地方的名目、金額都不同，例如北海道幾乎不收禮金，而青森和山形兩縣也有很多不需要禮金的租屋處。東京則多是敷金兩個月、禮金兩個月，總計收四個月份的租金。

然而，這筆敷金常於解除租約時被房東擅自當成回復房間原況的費用，發生不予退還的情況，最後引發糾紛。基於這類情況實在太常發生，二〇〇四年之後開始實施租賃紛爭防止條例，規定「只有在人為疏失或非正常使用，責任歸於租屋者的情況下，租屋者才需賠償整修費」。這條條例後來通稱為東京條款，成為租屋者的一大福音，一旦房東不退還敷金，租屋人就能拿這條條例與房東談判。敷金再怎麼說也只是做為擔保而交給房東的一筆錢，在正常情況下理應退給房客。所以遇到這類問題時，千萬別躲在棉被裡哭泣，而要奮起抗爭喔！

潛規則37

飲用水要花錢買

Tokyo Rules

在東京的超市裡，水、雞蛋與面紙同屬重點商品之一，都會登在傳單或擺在店面宣傳，因為大家都知道東京的自來水喝不得。

近年來有許多超市都推出一種服務：只要購買指定的瓶子，之後就能每天從店內設有的水槽中免費裝一次礦泉水。好讓消費者為了「裝水」每天跑一趟超市。

話說回來，也許有人不明白東京人為何對水如此堅持。這其實是因為東京的水很難喝，而且很多人住大廈，抽到大廈樓上的水不僅難喝還可能不太乾淨，所以喝水就喝礦泉水，已成為東京人的常識之一。而且一旦養成這個習慣，日後就很難改回來，漸漸地就會覺得自來水很糟，這算是有點病態了吧？所以大部分的人都會趁著超市特價時，搶購一瓶一百元左右的特價礦泉水。有錢人或重視養生的人則特別愛喝富含鎂、鈣──「contrex」或「evian」品牌的高級礦泉水。最近越來越多人習慣用宅配的方式購買以加侖為單位的桶裝水裝在飲水機上，也有人拿礦泉水來洗臉或洗頭。若是拿自來水招待來訪的朋友，你的朋友肯定會覺得噁心。如果覺得礦泉水很貴，至少也得裝台淨水器應付一下。

潛規則38

住在二十三區裡，會覺得只有二十三區才算是東京

Tokyo Rules

住在東京二十三區裡的人對於「只有二十三區才算東京」這件事可是深信不疑的。就連報電話號碼的時候也一樣，直接省略區碼「〇三」，你問為什麼？因為這裡就是東京啊，除了「〇三」外東京還有別的區碼嗎？

話雖如此，也不是身為區民就足夠了，這就是生活在東京的複雜之處。例如住在時髦熱鬧的吉祥寺，居民就認為自己遠比住在足立區、荒川區或江東區一帶的居民來的優越，而武藏野市市民也覺得與其住在不好的區，還不如住在土地、租金與自尊都高人一等的武藏野市。實際上，的確有許多東京人給予武藏野市如此高的評價，所以常聽到「東京二十三區＋武藏野市」或「武藏野區」這類說法。

雖然統稱為東京，但每個地區的氛圍、人種與思維皆不同才是東京的真實面貌，每區居民都對自己居住的地區抱持著：「我家這邊才是真正的都會地區」、「我住的這邊才時髦」、「這邊是只有名流才住得起的街區」、「只有這裡才是純正的東京」這類自豪與熱愛的心情。

待在東京雖然不時會展開「哪邊才是真正的都會」、「哪邊屬於好街區」這類的話題，不過這時候如果挑起別區的毛病、爭論自己住的地方才算都會或時尚的話，實在不夠高明。

東京人啊，雖然對自己住的地方情有獨鍾，卻不會誇張地表現出來，說到底只是把與對手之間的「互虧&自吹自擂」當樂趣而已。

Tokyo Rules

交通篇

生活篇

街道篇

住宅篇

對話．人際關係篇

潛規則39

對「東京民營電視台全國都能收看」這件事深信不移

跟土生土長的道地東京人聊天之後才發現，有很多東京人以為限定於東京播放的頻道只有東京電視台，其餘如日本電視台、TBS、富士電視台或朝日電視台這些東京民營電視台都屬於全國播放的電視台。

提到喜歡看的節目時，常常會附和說：「那個節目是在星期六下午播的嘛，社團活動結束後，我都會看！」

但是外縣市的人心裡想的是：「我這邊是半夜才播啊！當時預錄功能還不普遍，要看這個節目可不容易咧！」

這種落差有時會讓外縣市的人有點發火。而造成這種落差的原因是因為外縣市的電視台都是向東京民營電視台購買節目，再自行編輯成需要的節目，最具代表性的就是《笑笑又何妨》[11]這個節目在有些縣市是於下午播放的。簡而言之，外縣市的居民不一定與東京人收看相同的電視節目。如今外縣市的電視台也製作了許多超人氣的節目（例如神奈川電視台製作的《saku saku》與北海道電視台製作的《星期三怎麼過》[12]），也有一些外縣市的藝人開始進軍全國，但過去的情況可沒這麼好，連電視廣告也夾雜了以超低預算、超低技術製作的當地電視廣告。

不過，要把這些情況解釋得一清二楚也很麻煩。想要成為東京人，建議聊天時以「東京看得到的節目，全國都看得到」為前提，才是明智之舉喔！

我是一郎，老實說我很討厭住在東京、跟我同年的表弟。
喲，一郎！
你還是頂著這顆平頭啊！
這是因為
鈴 鈴 鈴
喂，您好
啊，是一郎嗎？
欸，發生大事了！
《藍色殺意》的結局！
犯人居然是主角的女朋友美咲耶！完全沒猜到啊！
不要爆雷啊！
跟你講過我這明天才會播啊！
嗚啊

我是一郎，在東京就讀大學第三年，好久沒回老家了。
老媽，我待會要跟山田他們吃飯，幫我錄一下節目～
從八點開始錄第十台喔
我知道了交給我吧
回家後
那就來看錄好的連續劇吧～
小彩有沒有跟男朋友分手呢
興奮
興奮
嗶
HEY!!
跳出
快樂健康地減肥吧！
看著看著就擁有曼妙身材，讓您大吃一驚！
完蛋了啦！
我忘記這裡的節目不一樣了

潛規則40

地名盡可能省略

Tokyo Rules

東京人的性子都很急，就算只是說個地名，也不想浪費時間。所以他們都習慣把地名說得短一點。

例如「Akiba」這個街區，隨著「好萌啊～」這個詞而聞名全國，正式名稱應該是秋葉原（Akihabara），但搞不好現在Akiba這個詞還比秋葉原來得有名？

但也有過去很流行，現在卻幾乎沒人在用的簡稱，例如吉祥寺（Kichijouji），過去曾被簡稱為「Jouji」，但現在根本沒人會這樣叫；把高圓寺（Kouenji）簡稱為「Enji」，或是把國分寺（Kokubunji）念成「Bunji」都已不太合宜；淺草也曾經被稱為「Enko[13]」，只不過現在這個稱呼已完全步入歷史了。

把新宿（Shinjuku）說成「Juku」，或是把池袋（Ikebukuro）念成「Bukuro」也會讓人愣一下，但還是有人會這麼說。在東京，不僅是街景，就連街道的簡稱也是變化激烈。

接著就來舉出一些目前普遍通用的簡稱吧！接下來要到東京生活的人，可得好好地把這些名詞記下來。

年輕人尤其愛用簡稱，在約見面地點時，常把話說成：「那，六點在Baba見吧！」，不懂的人可能會想成「Baba是指婆婆[14]嗎？老婆婆的街道？是巢鴨嗎？」，然後跑到完全不對的地方，那可是很危險的啊（也沒那麼誇張吧）。

這裡說的「Baba」是指高田馬場（Takadanobaba）。其他類似的簡稱還有下北澤（Shimokitazawa）等於「Shimokita」、三軒茶屋（Sangenchaya）等於「Sancha」、二子玉川（Futakotamagawa）是「Nikotama」、中目黑（Nakameguro）簡稱為「Nakame」、麻布十番（Azabujuuban）又稱為「Juuban」、赤坂見附（Akasakamitsuke）等於「Mitsuke」、多摩廣場（Tama Plaza）等於「Tamapura」、門前仲町（Monzennakacho）稱為「Monnaka」、西荻窪（Nishiogikubo）又稱為「Nishiogi」，一時之間還真列舉不完。

有些簡稱雖不如Shimokita或Sancha這麼流行，但也有人將御茶之水（Ochanomizu）稱為「Chamizu」，或是將六本木（Roppongi）念成「Pongi」或「Giroppon」，甚至有人將表參道（Omotesandou）簡稱為「Omosan」。

由於這些簡稱會有退流行的問題，使用之前最好先留意一下，若是當地人還在使用，那應該就可以放心了。

當然也有一種辦法是完全不用簡稱，但硬表明自己是「絕對不使用簡稱的人」，也稱不上什麼高明之舉。這類簡稱的說法只要在東京生活一陣子，自然而然就會學會，心情放輕鬆就行了。說是東京的居民，其實有很多都是原本是外縣市的人，而這些人也都是來到東京後才邊記邊學著使用的。

我從今年開始，要在東京擔任車掌一職了！
我也有讀《別傻了 這才是東京》，
完全像個東京人咧……
……不，要說「了喔！」才對
讓電車出發吧！
下一站——
咚隆
咚隆
咚隆
Juku——
Juku——
下一站——
Bukuro
Bukuro
騷動
騷動
搞什麼你這菜鳥！
對、對不起啦！
……結果被罵了

潛規則41

店名也盡可能省略

Tokyo Rules

東京人的性子都很急，就算只是說個店名，也不想浪費時間。所以他們都習慣把店名說得短一點。

尤其提到速食店、家庭餐廳或便利商店時，都會故意使用簡稱。話說，家庭餐廳（Family Restaurant）要簡化念成「Fami Res」才對。

最廣為人知的應該是麥當勞（McDonald's）念成「麥克（Mac）」。東京人以為這個念法全國普及，所以一聽到關西一帶簡稱為「Macdo」，一定會驚訝地或笑著反問「那是什麼？」。

摩斯漢堡會簡稱為「摩斯（Mosu）」（關西念成Mosuba），肯德基則會簡稱為「Kenta」。這時候要請大家特別注意的是發音，關西雖然也把肯德基簡稱為「Kenta」，但是關西人會把重音放在「ta」，而東京人則是放在「ke」。其他如星巴克念成「Sutaba」、Mister Donut會念成「Misudo」、溫蒂漢堡則念成「Wendy's」、樂雅樂（Royal Host）會念成「Roiho」、Jonathan's餐廳會念成「Jona」、味之民藝（Ajinomingei）則念成「Mingei」、而嚇一跳唐吉（Bikkuri Donkey）會念成「Donki」，折扣殿堂唐吉訶德也同樣念成「Donki」、7-11便利商店念成「Seven」、全家便利商店念成「Famima」、am/pm便利商店則念成「a—p—」。

接下來準備來東京或剛來東京生活的人，就算自己不想使用這些簡稱，也請務必把這些簡稱記下來，以免到時候聽得一頭霧水喔！

潛規則42

得熟悉「～就是啊」、「～是這樣吧」、「～對吧」的用法

Tokyo Rules

準備來東京的時候，往往得先克服一大難關，那就是習慣標準日語的說法，不過，像「～desu」或「～deshita」這種出現在教科書裡的標準日語，倒還沒什麼問題，真正的難題在於與朋友聊天時使用的語尾。就如各地方言特有的「～dabe」、「～sakai」、「～ken」語尾，東京也有「～dayone（就是啊）」、「～desho（是這樣吧）」、「～jan（對吧）」這類讓對話更有節奏感的語尾。只不過男性要是使用這類語尾，語氣會很娘娘腔，也很像是在念電影或小說裡的對白，讓人覺得很不自在，所以很多人一開始對這類語尾都很反感。不過，開始使用後，對話比想像中來得流暢，應該很快就能習慣標準日語的說法。

橫濱人愛說的「jan」，實在是很好用的語尾，既不像「～dayone」或「～desho」有種女性化的感覺，也只需要在過去式的「ta」後面加上「jan」，非常簡單。「就用了jan」、「就說了jan」、「這不是成功了jan！」，一旦習慣這些之後就連現在式也能輕鬆套用，例如「這不是很好嗎jan」。有些人則習慣在「jan」後面加上「yo～」，說成「就說了janyo～」、「就用了janyo～」，但聽起來很粗俗，建議大家還是別學的好。

「～desho」乍看很難，但只需要接在過去式的「ta」後面，說成「就說了desho」即可。而使用「～dayone」時，別忘了在過去式的「ta」後面接上「n」，否則說成「就說了dayone」或「就做了dayone」，聽起來很像方言。「(代)名詞＋dayone」也很好用，沒錯dayone？

潛規則43

與別人眼神交會就立刻錯開

Tokyo Rules

在東京，不管是在電車上還是路邊，總能看見有趣或奇特的人，例如明顯是在援交的高中生與中年大叔，或是流浪漢、拉客的人、角色扮演的人、人妖等等，有時真讓人覺得是在看電視綜藝秀一樣。坐上電車，有時會看到專心化妝的女高中生或是不顧旁人眼光、摟摟抱抱的情侶。不過，絕對別動不動就偷瞄他們，一旦與他們對上眼，就快把眼神移開吧。在東京，不管做什麼、穿什麼，都是個人的自由，不管發生什麼怪事，也得把他們當成空氣一樣正常。正因為這條潛規則的存在，東京才能一直保有自由與新鮮的氛圍。

之所以避免與他人眼神交會還有一個理由，那就是為了明哲保身。東京為了避免行人在街上被推銷、拉客或是被騙去黑店，設立了各種條款，也非常嚴格地進行取締，但就如潛規則22、23裡提到的，在鬧區裡，還是見得到那些拉人推銷購買高額商品與會員資格的銷售行為，也看得到有人在路上拉人去當AV女優或從事特種行業，甚至偽裝成模特兒經紀公司的星探，有些則是皮條客在拉客，另外還有假裝跟你搭訕，實則要騙你去店裡進行高額消費的新拉客手法。這些見機行事、遊走法律邊緣的黑心行為滿街都是，隨時都在路上尋找肥羊，假設你左顧右盼、到處亂看的話，就等於臉上寫著「我是從鄉下來的」，要不了多久就會被盯上。要是運氣差一點，還可能招惹到道上兄弟或醉漢、遊民，被大罵「看什麼看！」。總之，請在眼神交會的瞬間就立刻把眼神錯開，絕不可有任何讓人糾纏的空隙。

潛規則44

在自助式派對裡，幾乎不會有人去拿食物

Tokyo Rules

為建立人脈舉辦的跨行業交流會、企業新品發表會、大學迎新派對等等，東京身為各企業總公司與大學的集中地，出席自助式派對的機會多到令人驚訝。

在致詞與演講的空檔，最令人在意的就是美味的前菜、烤牛肉或壽司等等。建議大家在互相舉杯問候之後一定要忍住「我要搶第一」的心情跑去夾菜，**因為參加派對的目的不在於「吃」，而是與人交流或是看新產品**。

若是立刻跑向餐點，可能會被別人嘲笑：「那個人到底來幹嘛的啊？」、「是不是把派對當成吃到飽餐聽了啊？」。懷著「**人窮志不窮**」的武士情操，在東京，**大口大口地吃東西，可是會被當成失禮的人**。總之，餐點不是重點，所以在沒人會吃個不停的前提下，通常**一開始就不會依照人數準備足量的餐點**。最多就是吃點別人拿來的食物，或是會場的接待人員拿到面前的餐點。

如果真的很想吃，**不妨抓準餐點周圍站著一堆客人的時機行動**。因為那時候還鬧烘烘的，拿點東西吃不會被注意到。若是演講的時候拿食物不僅惹人注意，還會留下「老是在吃東西」的壞印象。在還不熟悉這條潛規則的時候，建議大家**在趕赴派對之前，先吃點東西墊墊肚子吧**！

潛規則45

不僅要確認住在哪個街區，還要確認最近的車站

Tokyo Rules

「你現在住哪?」」，若能流暢地對答這個問題，代表你已經是不折不扣的東京人了！要達到這種境界可需要高度的東京技巧。

例如聽到對方回答「目黑」，要能問「是山手線的目黑站，還是目黑區?」，甚至繼續追問「除了靠近目黑站，連地址也是在目黑區嗎?」，才算得上是高手，因為目黑站位於品川區。另外還要知道，品川站位於港區，新宿站只有南口的部分區塊位於澀谷區。

基本上被問到住哪裡，大部分的人最先回答的都會是車站。整個東京由JR、民營鐵路、都營地下鐵與東京Metro的路線組成複雜的交通網，在都心區域走個五分鐘、十分鐘就能到下一站或另一條路線，所以回答站名更能明確地指出居住的位置。

另一個原因是來自於該地區的形象。尤其該注意的是從神奈川、千葉與埼玉等鄰近縣市來東京通勤／通學、被稱為〇〇都民的這些人。例如擁有強烈工業區形象的川崎市居民，回答時就會故意說成「與其說是住在川崎，其實是住在田園都市線沿線的住宅區」；而擁有強烈時尚感的橫濱市居民，即便住在距離橫濱站一小時車程的深山裡，也會回答「住在橫濱」。縱使是住在東京都內，若住在形象不佳的車站附近，東京人會故意回答行政區域，相反的，若該行政區域給人的印象不好，就會刻意回答站名。入境就該隨俗，若聽到對方回答「住在田園調布」，千萬別進一步追問「那就是住在大田區嘛」，要忍住啊！

那我送妳回家吧
妳住在哪裡呢？
我就住在你的心裡啊
戳
耶～太讚了！
我總算攻陷她了！
那、那要不要來我住的大廈？
咦？我記得你說你住在六本木的大廈啊？
哈哈哈
哎呀～因為一點變故所以搬家了
謝謝再連絡
原來是看在房子的份上啊！
心
碎

請問您府上何處？
青山、六本木、表參道這些地方喔
IT公司老闆的戲劇人生
公司倒閉
股價暴跌
那件事之後您住哪裡呢？
青山、六本木、表參道這些地方喔

潛規則46

上下左右比東西南北更常用

Tokyo Rules

東京人凡事以東京為中心思考，而位於這中心的中心點當然就是皇居。事實上，日本國道的起點就是日本橋，而提到日本橋，就是從江戶城的正門——大手門延伸出來的、江戶城城下町的中心地。從江戶時代開始，皇居就一直是中心點。

也因為皇居是絕對的中心點，所以東京人不愛說「東西南北」。比方說，若把足立區、葛飾區或荒川區形容成「以皇居為中心點，位於東北方向」，或是把目黑區、世田谷區說成「以皇居為中心點，位於西南方向」，這種拐彎抹角的說法實在太麻煩了。

所以，大多數的東京人會把足立區與葛飾區說成位於「右上」或「右上方」；北區與文京區說成「上」；江戶川區與江東區說成「右」；中野區與杉並區說成「左」；目黑區與世田谷區說成「左下」或「左斜下方」；品川區與大田區則說成「下」。

每當詢問「這次的會場在哪裡？」，而東京人回答「啊，好像是在右上那邊吧」的時候，就應該猜測是在文京區、台東區、墨田區、荒川區或葛飾區這一帶。

這種「上、下、左、右」的應用範圍非常廣泛，除了東京的二十三區之外，川崎與橫濱也可算是位於下方，多摩可說成位於左側，要是放大範圍，連東北或北海道都可說成是位於上方，當然，關西與四國就算位在左側啦！

潛規則47

東京的規矩等於日本的規矩

Tokyo Rules

東京人總認為只有東京才算是日本，覺得東京是日本的中心。在他們心裡，東京，差不多就位於日本列島的中心位置啊！

他們一點都不在意江戶幕府之前，東京還是一片荒蕪的鄉下，一味地以為所有的資訊都是從東京發出，整個日本都在東京的管轄之下。

有趣的是，IT企業的總部不管設立在哪個縣市，都能向全世界散發訊息、地價也比較便宜，卻還是選擇設立在六本木或Bit Valley[15]，而這就是東京人認為東京是日本中心點的證據。明明不需要特別在東京設立辦公室，卻還是堅信，資訊就該從東京發送才合理。

不管是大阪、名古屋還是福岡，東京人根本就看不上眼，也對這些地區完全不感興趣，他們常會以為：

「咦，大阪跟名古屋是哪邊比較近啊？」（問的當然是哪邊離東京比較近）

「福岡啊……，是在東北那一帶嗎？」（那個是福島啦！）

東京人就是這種傢伙。

他們明知道這種態度為其他外縣市的人所厭惡，卻還是事不關己，即便偶爾反省一下，也過不到五分鐘就忘了。反正，只有東京才算是日本。

雖然大家都覺得東京人的這種態度很高傲，但若把這點算在東京的潛規則裡，不去計較的話，東京比起其他縣市來得進步也是不可否認的事實。

畢竟在現代的社會裡，不造成他人麻煩是融入社會的一大前提。外縣市的人尚缺乏「別人與自己不同」的觀念，注重人情有時候也算是種美德。

不過在東京，「別人就是別人」，與自己是不同的個體。

東京人時時刻刻都在很在意，自己該如何與其他個體相處。

所以東京比起其他縣市，存在著更多、更繁瑣的潛規則。要在東京生活，不管願意不願意，都得遵守東京的潛規則，也只有這樣，才算是個合格的東京人。

註釋

1. 般若：原為佛教語，在中國多指智慧之意，但在日本是一種有雙獠牙的鬼面具。
2. 聖德太子：日本飛鳥時代的政治家，推行一系列改革，又訂立《十七條憲法》，確立以天皇為中心的行政制度。
3. 原為PASSNET卡，二〇〇七年，PASSNET卡改採用和Suica相同的非接觸式IC技術，並與JR東日本合作，將名稱更改為PASMO。此後，JR東日本和私營鐵路的IC卡的使用範圍開始互通。
4. 日文原文為スイスイ，發音為suisui，意指順暢通過。Suica卡的名稱正是取順暢的「sui」所命名而來。Suica音同日文的西瓜（スイカ），因此又稱西瓜卡。
5. 於二〇〇七年自Sony集團獨立出來，更名為「PLAZA」。
6. 都知事意即東京都的首長，而石原慎太郎，於一九九九至二〇一二年，經四度連任擔任東京都知事。
7. 指星期日晚間播放的談話性節目《行列のできる法律相談所》，名稱為「超人氣法律諮詢事務所」之意。
8. 此為日本職棒阪神虎隊歌的歌詞。
9. 「可燃」音同「很萌」，日文原文分別是「燃える」和「萌える」，發音皆為MOERU。
10. 疊：榻榻米的單位，日本以榻榻米來計算房間的面積，二疊榻榻米約等於一坪的大小。
11. 節目原文《笑っていいとも!》，是星期一至星期六中午播放的長壽節目。
12. 節目原文《水曜どうでしょう》。
13. 淺草地區擁有東京都第一座都市型公園，公園的日文發音為KOUEN，再把公園倒著唸就產生出把淺草稱為「Enko」的叫法了。
14. 日文中老婆婆的發音為BABA。
15. 位於澀谷，是網路相關創投企業集中設置的區域。Bit Valley的名稱是由澀（bitter）與谷（valley）轉化而來。

參考文獻

《わたしの東京学》陣内秀信著　日本經濟評論社
《山手線膝栗毛》小田嶋隆著　ジャストシステム
《東京23区クイズ》ぽにーてーる編　カンゼン
《東京超元気》山本雅夫著　西村書店
《東京デビュー。》いしざわあい著　ぴあ
《TOKYO消費トレンド》川島蓉子著　PHP研究所
《世紀末の未来都市》柏木　博著　ジャストシステム
《クイズ東京23区格付けチェック》東京スタティスティクス倶樂部　新潮社
《東京育ちの東京論》伊藤滋著　PHP研究所
《東京おさぼり喫茶》交通新聞社編　交通新聞社
《東京情報》鈴木伸子著　新潮社
《東京23区物語》泉　麻人著　新潮社
《東京暮らしの逆襲》まついなつき著　角川書店
《新説　県民大図鑑》ニッポン・ジャーナル編輯部編　堀五朗譯　扶桑社
《大阪の常識東京の非常識》進藤盛重著　幻冬社
《大阪学》大谷晃一著　新潮社
《国際交通安全学会誌》Vol.5　No.4　〈地域文化特性と運動行動〉　國際交通安全學會

國家圖書館出版品預行編目(CIP)資料

別傻了 這才是東京：大眾運輸工具內禁止通話．迷宮般的車站…
47個不為人知的潛規則 / 都會生活研究專案著；許郁文譯．
──初版．──新北市：遠足文化，西元 2015.10
──（浮世絵；3）譯自：東京ルール
ISBN 978-986-92171-1-8（平裝）

1. 生活問題 2. 生活方式 3. 日本東京都

542.5931 104018416

浮世絵03──東京
別傻了 這才是東京
大衆運輸工具內禁止通話．迷宮般的車站～
47個不為人知的潛規則

作者 都會生活研究專案
譯者 許郁文
總編輯 郭昕詠
責任編輯 陳柔君
編輯 王凱林、徐昉驊、賴虹伶
封面設計 霧室
排版 健呈電腦排版股份有限公司

社長 郭重興
發行人兼
出版總監 曾大福
出版者 遠足文化事業股份有限公司
地址 231 新北市新店區民權路 108-2 號 9 樓
電話 (02)2218-1417
傳真 (02)2218-1142
電郵 service@bookrep.com.tw
郵撥帳號 19504465
客服專線 0800-221-029
部落格 http://777walkers.blogspot.com/
網址 http://www.bookrep.com.tw
法律顧問 華洋法律事務所 蘇文生律師
印製 成陽印刷股份有限公司
電話 (02)2265-1491

初版一刷 西元 2015 年 10 月
Printed in Taiwan
有著作權 侵害必究

TOKYO RULES by TOKAI SEIKATSU KENKYU PROJECT
© TOKAI SEIKATSU KENKYU PROJECT 2006
Edited by Chukei Publishing
Traditional Chinese translation copyright ©2015 by Walkers Cultural Co., Ltd.
Originally published in Japan in 2006 by KADOKAWA CORPORATION.
Traditional Chinese translation rights Under the license from KADOKAWA CORPORATION, Tokyo. arranged through AMANN CO., LTD, Taipei.